よりよい学校をつくろう！
みんなの委員会 2

監修 安部恭子

環境委員・飼育委員・保健委員・給食委員

岩崎書店

はじめに ——読者のみなさんへ

　みなさんの学校では、どのような児童会活動をおこなっているでしょうか？ 児童会活動は、おもに高学年のみなさんが中心になって計画、運営をします。学校生活を楽しく豊かにするために、一人ひとりの発想を生かし、各学級、各学年が交流を深め、協力しておこなうものです。みなさんが話し合い、目標を立て、その実現のために主体的に活動することで、心がつながり、よりよい人間関係が生まれることでしょう。さらには、自己実現を達成するよろこびを感じたり、コミュニケーションを楽しむ力が育まれたりするのではないでしょうか。

　このような児童会活動での経験は、中学校、高校の生徒会活動でもみなさんの大きな力となり、将来、学校卒業後の仕事や、地域社会の自治的な活動のなかで生かされていきます。

　この本では、児童会活動の中の委員会活動について紹介します。初めに委員会活動とクラブ活動の関係を、次に環境委員、飼育委員、保健委員、給食委員の仕事を説明します。これらの委員会は、学校生活において、おもに身体と心の健康を整えるための活動と考えることもできます。クラブ活動に関しては、委員会活動での経験が生きる場としてヒントを示していますので、参考のひとつになりましたら幸いです。

　委員会活動では、みなさんが中学年、低学年のことを考えて活動のやり方を考え、自分の役割を果たせたときに、たしかなよろこびとやりがいを感じられるはずです。自分への自信を高めるだけではなく、ほかの人の考えに耳をかたむけて、おたがいを認めて尊重することもできるようになるでしょう。その経験がやがて将来の目標や希望をもつことにつながっていきます。この本を活用することで、委員会活動、そして学校生活がいっそう充実したものとなりますように願っています。

監修 安部恭子
帝京大学教育学部
教育文化学科教授

もくじ

はじめに … 2

委員会活動とクラブ活動 … 4

1. 環境委員
どんなことをするの？ … 6
環境委員になったら … 8
《たとえば》大そうじ大作戦を楽しもう … 10

2. 飼育委員
どんなことをするの？ … 12
飼育委員になったら … 14
《たとえば》飼育と栽培プレートをつくろう … 16

3. 保健委員
どんなことをするの？ … 18
保健委員になったら … 20
《たとえば》健康ツリーをつくろう … 22

4. 給食委員
どんなことをするの？ … 24
給食委員になったら … 26
《たとえば》食物の旅ポスターをつくろう … 28

みんなの委員会活動①
富山県高岡市立 野村小学校
花や魚のお世話が楽しい！ 飼育栽培委員会 … 30

みんなの委員会活動②
埼玉県春日部市立 上沖小学校
みんなの役に立ちたい！ 児童保健委員会 … 34

資料 … 38
さくいん … 39

この本では、小学校における委員会活動の一例を紹介しています。学校によって、委員会の名称、しくみ、活動内容は異なることがあります。

委員会活動 と クラブ活動

みんなで大好きなことを楽しもう

クラブ活動で好きなものを見つけよう

学校では自分の好きなことを、クラブ活動で実現できるチャンスがある。

クラブ活動は委員会活動や学校行事と同じ「特別活動」の1つ。もし入りたいクラブがなかったら、新しくつくることもできる。担当の先生もついて、4年生（あるいは3年生以下も）から6年生まで、いっしょに活動するよ。

➡ 特別活動、学校行事については、①、③巻も見てね！

クラブ活動で発表する

クラブ活動でも活動計画を立てて、どんなことを楽しみたいか、そのために何をしたらよいのか役割分担も考えよう。

クラブ発表会でみんなに活動や成果を見てもらえるチャンスもある。学校ならではの仲間との時間を楽しもう。

クラブ活動の種類

クラブ活動は、おもに次の2種類に分けられる。

運動系 サッカー、バレーボール、バスケットボール、陸上、野球、卓球、バドミントンなど

文化系 音楽、手芸、クッキング、将棋、物語・マンガづくり、プログラミングなど

学校で友だち、仲間と好きなことを楽しむ時間は、クラブ活動ならではの体験だ。みんなの将来の夢をかなえる一歩になるかもしれないね。

クラブ活動の経験を生かそう

クラブ活動は、ちがう学年や同じ学年の、好きなことが同じ友だちと活動すること。そして、クラブ長を中心にみんなで話し合って活動計画を立てる。この経験をとおして、委員会活動も、みんなで楽しく充実したものにしていこう。

➡ 先生や、まわりの大人にも聞いてみよう！　何クラブに入っていたのかな

みんなはいつか、小学校を卒業して中学校に進み、やがていろいろな経験をへて仕事を始め、だれかと共に活動する社会の一員になる。そのとき、きっと委員会活動の経験がみんなの心の中に思い浮かぶはずだ。

**委員会活動は、特別な活動。
ゆたかな時間を与えてくれますように！**

1. 環境委員

環境委員は、みんなの未来のサポーター

どんなことをするの？

[環境委員ってなんだろう？ 環境がよく整っているということは、空気、水、土地などの性質がよく、生き物が健康に生きられる状態のこと。環境委員の仕事は、学校環境をよくすることなんだ。]

　環境委員は、教室のごみの管理、牛乳パックなどのリサイクル回収、電気や水のむだづかいをしていないかどうか確認する仕事をする。そのほかに花だんの手入れ、給食の食べ残しを減らすよびかけや、栽培委員会や給食委員会などほかの委員会と協力しておこなう活動をする。
　このような仕事内容から、学校によっては「環境整美委員」「緑化委員」「環境美化委員」とよばれていることも多い。

やりがいのある仕事だね！

●毎日の活動がSDGsにつながる

学校でできることを話し合う

環境委員は、教室の中はもちろん、学校の外のまわりの地域が、この先もよりよい状態が続くようにするのも仕事。ごみの問題などは、図書室の本や動画などで、SDGsの活動と共にしっかり学んでおこう。

みんなの明日の学校生活は、学校、地域、広くは地球の自然環境をよりよく保っていくこととつながっている。委員会では活動内容をよく話し合い、毎日こつこつとできることを考えていこう。

「ごみ」「水」「電気」に注目

教室では、燃やせるごみ、燃やせないごみが分けられているかどうか、紙ごみの中に、まだ使えるものがあればサイズ別に分けて保管するように、クラスのみんなによびかけよう。

学校全体では、ごみ倉庫の分別ができているか、トイレや手あらい場の水が出たままになっていないか、無人の教室の電気がついたままになっていないかどうかを注意してよびかけよう。

「ごみ」「水」「電気」をテーマにした取り組みを考えていくことが大切だよ。

●環境をよくするための一歩

社会科見学で「清掃工場」や「リサイクル工場」に行ったことがあるかな？　清掃工場では燃えるごみのほか、プラスチック、ガラス、古紙、食品、産業廃棄物などの処理について学ぶことができるよ。

みんながリサイクル、リユースについて考えて活動することは環境をよくする一歩になる。自然環境やごみ問題についての本や動画などの資料はたくさんあるので、ほかの委員と調べて発表することもおすすめだよ。

➡ では、みんなでよりよい環境をつくるために、どんな活動ができるかな？

環境委員になったら

さて、環境委員は、どんな活動をしたらよいのかな？　環境委員の活動は、よりよい未来をつくるためのSDGsの取り組みにもつながっている。そこで、まずは学校の花だん、中庭などのごみ拾いを考えてみよう。

ほかの委員会活動といっしょにコラボできると、活動の意義も広がるよ。

学校のまわりのごみ拾いをしよう！
飼育委員、栽培委員と
コラボもできるよ！

① 花だん、中庭など担当のグループを決めてごみ拾い。
② びん、プラスチックごみなどの分別をする。落ち葉も集める。
③ 集めたごみは、ごみ倉庫に運び、きれいにまとめる。
④ 活動を委員会ノートに記録する。
⑤ 昼休み、朝活動の時間を、定期的に利用しよう。
⑥ 委員のほかに、やりたい人も参加できるようにしよう。

● 「環境タイムズ」をつくってみよう

環境委員の活動を学校のみんなにも知ってもらうために、クラスでは、朝の会、帰りの会でよびかけたり、ポスターをつくって校内や教室の掲示版に貼ったりしてお知らせしよう。

さらに「環境タイムズ」などのおたよりを発行するのもおすすめ。マンガや記事で活動への参加をよびかけることができる。各クラスに配ったり、お昼休みに放送でお知らせしたり、いろいろな方法を考えてみよう。

みんなで参加すると楽しいよ

●リサイクル活動を考えよう

ごみ処理やリサイクル活動については、社会の授業でたくさんのことを学んでいるね。ごみはきちんと処理すると新しい材料として生まれ変わる。

紙ごみ、牛乳パック、びん、かん、ペットボトルのキャップの回収など、学校でできる取り組みを調べたり、外国の情報なども集めたりして、自分たちでアイデアを出し合ってみよう。

リサイクルのためにおこなう活動案

○ クラスで集めて、再利用するもの
△ クラスで集めて、学校全体で回収するもの
□ 学校全体で集めるもの。できない場合もあるので、先生にきいてみよう

○ **紙ごみ（教室）**
裏を使えるものをサイズ別に分ける。教室内に箱を用意して入れておく。勉強用、メモ用、絵をかいて遊ぶなど自由に使ってOKのものとして活用しよう。

△ **牛乳パック（給食）**
飲み終わった牛乳パックをたたんで、ふくろに集め、給食委員や当番が食器のかたづけのときにまとめる。学校栄養士さん、給食の先生にリサイクルについてきいてみよう。

□ **ガラスびん**
学校行事や、クラブ活動で利用したもので、使い終わったガラスびんをあらい、かわいたものをごみ倉庫にまとめよう。集められたガラスは、また新しいガラスびんになる。

□ **かん**
ガラスと同じように、アルミ、スチールなど、かんも集めて、ごみ倉庫にまとめよう。これらもごみとして回収されて、工場で新しい製品の原料に生まれ変わる。

□ **ペットボトルのキャップ**
プラスチックごみを減らす取り組みの1つ。たくさん集めてごみ倉庫にまとめよう。ガラス、かんと同じく回収されて、工場で新しい製品の材料に生まれ変わる。

➡ 次は、学校全体の大そうじについて考えよう。みんなで楽しくできるかな？

《たとえば》
大そうじ大作戦を楽しもう

きれいになると
うれしいね！

　学校全体でおこなう大そうじを、環境委員の活動として工夫してみよう。各学期の最後に全校でおこなう場合と、1週間のあいだにすませていく場合があるけれど、どちらもふだんのそうじよりも、ていねいにおこなうもの。おもしろくて楽しい時間にするために、たとえば「ピカピカそうじ大作戦『ありがとう○○小！』」のチェックポイントを考えてみよう。

ピカピカそうじ大作戦「ありがとう○○小！」
チェックポイント

① **そうじの前**：みんなで「ありがとう、○○小！」と言ってみよう。
② **身じたく**：マスク、三角巾、ゴム手ぶくろなどを着用。
③ **そうじ用具**：ぞうきん、バケツ、ほうき、ちりとり、ごみぶくろなどを準備。
④ **担当する内容**：よごれをふく。はく。あらう。ごみ回収。ペアや分担を決めておく。
⑤ **ていねいにすること**：たな、まど、体育用具、楽器、テレビモニターなど。
⑥ **後かたづけ**：そうじ用具を元の場所にもどす。ごみはごみ倉庫へもっていく。
⑦ **そうじの後**：みんなで「ありがとう、○○小！」と言って拍手をしてみよう。

●そうじは「ありがとう」の気持ちで

　みんなで「ありがとう、○○小！」と言いながら校内をピカピカにきれいにすると、不思議と楽しくなってくる。学校への感謝の気持ちをもっておこなうと、学校自体もみんなの学校生活を見守ってくれるような気がするよ。

　そして、みんなが使うところをみんなできれいにすることで、気持ちよく過ごせるね。

●環境委員の活動をつなぐカード

活動の目的をよく考える

環境委員の仕事は、学校のみんなの「縁の下の力持ち」。毎日のそうじ、整理整とん、ごみの管理はみんなで気持ちよく勉強したり、遊んだりできるようにおこなうことだ。目に見えない小さなことも少なくない。

これらの仕事は、学校だけではなく、地域、国、地球の未来のために必要なこと。自分たちの活動内容の目的、可能性を話し合うことも大切だ。

意識をしっかりもつこと

1年間の活動計画を立てるときは、未来の自分たち、社会にとって、どんな役割をはたすことになるのか、ということまでよく話し合ってみよう。

今の学年、その次の学年、その次の……と、先のことを想像して、今できることを考えよう。ぜひ、「ふりかえりカード」を活用してほしい。ひとりで、クラスで、全校でもチャレンジできることがあるはずだ。

先生からひとこと

環境委員の活動は、学校のみならず、地球の未来を考える大きなものですね。視野を広げて、多くのことに関心をもって取り組みましょう。

まとめメモ
- 未来の環境を考えよう
- ほかの委員との協力も大切に
- 国内外の情報を調べよう

2. 飼育委員

飼育委員は、生き物を育てて守るために大切な仕事をするよ

どんなことをするの？

[飼育委員ってなんだろう？ 飼育委員は、学校で飼っている生き物のお世話をするのが仕事だよ。
　学校によっては、花だんの草花や菜園の手入れもしている。
　いのちある生き物に親しみ、ふれあうことのできる、やりがいのある楽しい活動だ。]

　飼育委員は、学校によって「飼育・栽培委員」「緑化・飼育委員」「生き物・園芸委員」などとよばれることもある。
　活動内容は、学校で飼っている生き物のお世話、飼育小屋のそうじのほか、花だんの手入れなど、ほかの委員と同じ仕事をすることもあるかもしれない。そのときは代表委員会や委員長会などで、おたがいの分担を話し合おう。
　生き物のことや、草花、樹木について調べて、その特長や美しさ、かわいらしさ、成長のようすを伝えることは大切な仕事だ。

とっても楽しい仕事だよ！

● 生き物のお世話をする

いのちの大切さを知るということ

みんなは、家で生き物のお世話をしたことがあるかな？　毎日食べ物をあげたり、トイレのそうじをしたり、体をきれいにしたり、いろいろな仕事がある。学校で飼っている動物も同じ。ふれあいのなかで、いのちの誕生やお見送り（死）の場面を体験することもあるかもしれない。

飼育委員の仕事では、生き物を見守り、育てるよろこびを体験することをとおして、自然界のいのちの大切さを知ることができる。

飼育委員の仕事のいろいろ

飼育委員には、ほとんど毎日仕事がある。

① じゅうぶんに食べ物や水をあげる
　→ 新しい水、新鮮な食べ物を用意する
　　（あげすぎにも注意する）
② 飼育小屋をきれいにそうじする
　→ 暑さ、寒さをふせぐ
　→ マスク、ゴム手ぶくろ、長ぐつなどを用意する
　→ そうじのあとは、手あらいをする
③ 動物のようすをよく観察する
　→ 目、口、手足などのようすを見る
　→ 病気について調べておく
　→ けがなどの気になることがあったら、先生に伝える
　→ じゅう医さんに相談することも大切

● 名前を考えてみよう

みんなの学校では、ウサギや金魚などの生き物を飼っているかな？　ウサギのあたたかい毛にふれたり、金魚が泳いでいるのを見たりするのは楽しいね。

生き物と話すことはできないけど、名前をつけてよびかけると親しみを感じられる。学校のみんなが生き物となかよくなれるように、活動を工夫して考えてみよう。

➡ **みんなに学校の生き物の魅力を伝えよう！**

飼育委員になったら

「ふれあいタイム」をつくろう

　学校のみんなが生き物や草花に親しむことができるように、休み時間を活用して、ふれあう時間を考えてみよう。日時を決めてお知らせしたり、生き物の特長を紹介する「プロフィール」をつくったりして準備しよう。

　たとえば「プロフィール」では、①名前、②種類、③性別、④年れい、⑤好きなもの・場所、などを書くとみんなに親しんでもらうきっかけになる。

休み時間に「ふれあいタイム」！

★当日までに
① 日時、場所を決定
　⇒ 校内放送、ポスターで告知
② 生き物、草花の「プロフィール」づくり
　⇒ イラスト、説明文を画用紙に書く
　　大きく、目立つように
③ 「ひとこと発見カード」づくり
　⇒ 当日、参加者に書いてもらう

★当日の流れ
① 食べ物（えさ）、水を用意
　⇒ 担当の先生に相談
② 生き物、草花と「ふれあいタイム」！
　⇒ えさやり、水やりの体験、観察
　　参加者に「プロフィール」を説明
③ 「ひとこと発見カード」をくばる
　⇒ 参加者のコメントを集める

　動物のお世話をする「飼育」と、草花や樹木の手入れをする「栽培」「園芸」の仕事で、合わせてできる活動も話し合ってみよう。

➡ **動物や植物には、まだまだおもしろいひみつがある。学校のみんなで探してみよう！**

●「ふれあいタイム」が育むこと

「ふれあいタイム」のあとは、参加した人に「ひとこと発見カード」を書いてもらおう。どんなことを感じたのか、参加した人の感想を知ることができるよ。飼育委員の次の活動へのアイデアも生まれるかもしれない。

「ひとこと発見カード」のイメージ

- ウサギをなでたら、あったかかった。心ぞうがドキドキしていた。
- マリーゴールドにお水をあげた。土はいいにおいがした！
- アレルギーがあるので、手あらいをした。
- ウサギのうんちはまるかった！
- ヒマワリの種は、何こ とれるの？
- 金魚がきれい。花の水やりも楽しかった。

みんなの感想を集めることで、委員会活動のふり返りもできる。
委員会ノートにも記録しておくと、引き継ぎの資料としても活用できるよ。

みんなに参加してもらいたいね！

《たとえば》
飼育と栽培プレートをつくろう

　学校で飼っている生き物や、植物を調べていくと、その生き物のおもしろいひみつがたくさんあることがわかる。これらの種類や成長のようすを、ぜひ学校のみんなにお知らせしよう。ここでは「飼育と栽培プレート」とクイズを紹介するよ。

● 「飼育と栽培プレート」とは？

「飼育と栽培プレート」とは？
　学校で飼っている生き物や、草花、樹木に関するクイズを書いたプレートのこと。飼育小屋や、花だんの草花、樹木のそばに設置して、みんなに楽しんでもらおう。

プレートのつくり方
・かたい木の板で、プレートと地面に差しこむ軸をつくる。
・板に油性の白いペンキをぬると、文字がよく見える。
・雨にぬれてもよごれないように、油性ペンで書く。
・表にクイズの問題を書いて、裏に答えを書く。

クイズの例
⇒ ウサギの鼻は1分間に何回動く？　答え：120回ほど
⇒ ヒマワリの花言葉は？　　　　　答え：愛
　　　　　　　　　　　　　　　　　　あなただけを
　　　　　　　　　　　　　　　　　　見ています

おもしろいクイズをポスターに書いて、校内に掲示するのもおすすめだよ！

次の活動につなげていく
　クイズの答えを知ると、その理由にも興味がわいてくるかもしれない。おもしろいクイズができたら、放送委員や新聞委員に紹介してみよう。お楽しみミニクイズや、取材記事を書いてもらえたらうれしいね。

●「はてなカード」を活用しよう

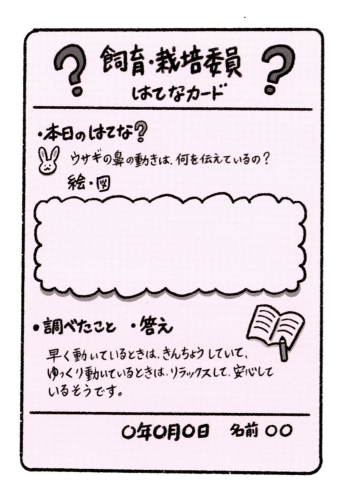

生きるために必要なことを

飼育委員、飼育栽培委員などの仕事は、みんなの学校生活の中で、楽しみや、発見を与えてくれるものだね。毎日の仕事では、ウサギに食べ物をあげたり、飼育小屋のそうじをしたり、草花の水やりなどの作業はふつうのことだと思えるかもしれない。

けれども、それぞれが生きるために必要なことだとしっかり意識すると、自分の仕事の責任や、自然界のようすに気がつくこともたくさんあるはずだよ。

「なぜ？」「はてな？」を大切に

委員会活動中に、飼育委員ならではの「なぜ？」「はてな？」と思ったことや、気がついたことがあれば「はてなカード」をつくって書いてみよう。

委員会活動のふり返りのために役立つ記録にもなる。次の活動のアイデアにつながるかもしれない。

先生からひとこと

飼育委員の活動は、いのちの尊さを自然に学び知ることのできるもの。生き物のすばらしさを、たくさん伝えていきましょう。

まとめメモ
- いのちの尊さを体験できる
- 生き物を育てるよろこびをたくさん伝えていこう

3. 保健委員

保健委員は、みんなの健康を守るサポーター

どんなことをするの？

[保健委員は、みんなが元気に学校生活を送ることができるように、心と体の健康を守るための仕事をしているよ。健康は、毎日の勉強や、楽しい遊びをするための大切な原動力。
　虫歯やかぜの予防を、しっかりよびかけていこう。]

　保健委員は、おもに病気を予防する環境を整えるための、いろいろな活動をしている。かぜ、虫歯、熱中症や感染症など、心と体の健康を守るためにどうしたらよいか、学校のみんなによびかけるのが仕事だ。

　保健の先生のお手伝いや、保健室でのお仕事もたくさんある。学校によっては「健康委員」「すこやか委員」とよばれていることもあるよ。

とっても大切な仕事だね

●みんなの病気予防のために

健康のために必要なこと

　毎日の生活の中でおこなう「手あらい」「うがいをする」「歯みがきをする」などは、ばいきんから身を守るためにもっとも大切な習慣。

　「ごはんを食べる」「水を飲む」「よくねむる」「運動する」など、きちんとバランスのとれた生活リズムも、健康をささえている。その点では、運動委員の仕事ともつながっているよ（⇒運動委員については、③巻を読んでね）。

暑さと寒さ、気候に注意

　保健委員の活動計画をつくるときには、季節の気温やお天気との関係が大切だよ。前学期の委員会ノートをよく読み、ふり返りをおこなって話し合いをしよう。

　暑いときには熱中症の予防のために、どんなことを、どんな方法でおこなえばよいのか、寒いときには、かぜやインフルエンザの予防のために何をしたらよいのか、わかりやすく伝わるように、クイズをつくったり、校内放送をするなどお知らせの方法を工夫しよう。

●保健の先生、保健室とのつながり

　保健室は、けがをしたり熱が出て体の具合が悪くなったりしたときに、保健の先生がお世話をしてくれるところ。保健の先生は、一人ひとりの心や体について気をつけて、学校のみんなが健康に過ごせるように、保健活動の中心になって仕事をしている。

　保健委員は、けがをした人、具合の悪い人の手当てのお手伝いや、水道の水質検査、健康に関するお知らせをつくるために、保健室で活動することも多いよ。

➡ 保健委員の活動をくわしく見ていこう。
　　どんなことができるかな？

保健委員になったら

　委員会活動の仕事は、毎日のように「いつもおこなうこと」と、行事のように「特別におこなうこと」に分けられ、それぞれに理由がある。活動の目的を理解することは大切なことだよ。

活動のねらいを考えよう

◎いつもおこなうこと
・石けん、手あらい場の点検…………かぜ、インフルエンザ、感染症などの予防のため。石けん補充、水質検査をこまめに。

◎特別におこなうこと
・虫歯予防週間……………………虫歯の原因や、歯のはたらき、口の中のはたらきを伝えよう。食べることは、健康の中心。虫歯ができると体によくないことばかりおこることを学ぼう。

・インフルエンザ、かぜ予防週間……秋から冬などウイルスの活動が活発になる前にはじめよう。うがい、手あらい、マスクをつける、防寒などをよびかけよう。

・心の健康週間……………………自分の気持ち、心について考えることの大切さをよびかけよう。インターネットやSNSの使い方、自分の気持ちと向き合う方法を学んでいこう。

・「健康観察クエスチョン」…………みんなの心と体のようすを知るために活用しよう（⇒23ページを見てね）。「毎日、何時間ねていますか？」「何時に朝・夕ごはんを食べますか？」などの答えから、みんなの健康バランスを知ることができる。

➡ **これらの活動を、どのように取り入れたらいいかな？**

●活動計画と「健康」へのよびかけ

　活動計画は、ねらいをよく話し合って決めよう。活動のよびかけは、放送を利用したクイズ（放送委員に相談）、本の紹介（図書委員に相談）、全校集会（集会委員に相談）など、健康に親しんでもらえるような方法を考えよう。

保健委員会の活動予定

月	活動内容
4月	いつもおこなう活動、月ごとの活動計画を立てる。
5月	健康観察クエスチョンをおこなう。
6月	虫歯予防週間（ポスター、紙芝居、放送、発表会など）
7月	プール学習への注意、取り組み。
9月	いつもおこなう活動のふり返り。
10月	目の健康クイズをおこなう。
11月	インフルエンザ、かぜ予防週間（ポスター、紙芝居、放送など）
12月	健康週間 （「手あらい」「うがい」「マスクをする」を中心に）
1月	心の健康週間 （インターネット、SNS、性教育についてよびかけ）
2月	心の健康クイズをおこなう。
3月	1年間のふり返りをまとめる。

●心もかぜをひくことがある

　みんなは「心の病気」という言葉を、知っているかな？　目に見えない「心の健康」はとても大切なことだ。気持ちが落ちこんだり悩んだりすることがあるときに、もしも話したいことがあったら、だれかに相談したり、保健室、相談室の先生たちに会いにいくこともおすすめだよ。

みんなで
よく考えてみよう

21

《たとえば》健康ツリーをつくろう

みんなで参加できる保健委員会の活動として、どんなことができるかな？　ここでは、虫歯、かぜ、インフルエンザ予防のための「〇〇週間」の活動例として、大きな「健康ツリー」づくりを紹介するよ。

「健康ツリー〈虫歯予防の木〉」のつくり方

・用意するもの：大きな紙。ペン。カード（葉っぱの形）。テープ。

① 紙に大きく木のイラストを書く。

② サンプルのカードをつくる。いくつかのカードに「虫歯になったら」「痛い」「歯ブラシのえらび方」「チョコを食べたら」などを書いて①にテープで貼る。

③ ろう下など、たくさんの人が見られる場所に①を貼る。ペン、新しいカードも台に置いておく。

④ 学校のみんなに「虫歯予防のためにできること、歯の健康のためにできることをカードに書き、葉っぱを貼ってツリーを完成させよう！」とよびかける。

⑤ ツリーが完成したら、葉っぱのコメントについて保健委員会で話し合い、虫歯予防のために必要なことをまとめ、ツリーの下に貼る。

　健康に関するふとしたひらめき、「はてな？」と思ったことなどをカードに書き、みんなでオリジナルの「健康ツリー」を育てよう。
　めくると答えやヒントが書かれているようにしたり、ちがう色のカードをつくって書いたりするのも楽しいね。

●「健康観察クエスチョン」カードがつなぐもの

自分の健康を守ること

　みんなの心と体の健康のための活動は、大人になってからも大切な経験(けいけん)になる。いろいろな病気への理解(りかい)を深めたり、心の病気について学んだり、アレルギーの知識(ちしき)をもっておくことは、一人ひとりが自分で自分の健康を守ることにつながっている。

　人間の体は、すばらしい工場のように、一つひとつの細胞(さいぼう)がはたらき、おたがいに助け合って作用するようにできているんだ。

「健康診断(しんだん)」の大切さ

　健康状態(じょうたい)を知るために、「健康観察クエスチョン」カードをつくってみよう。これは、毎日の生活の出来事をとおして、自分の心と体の健康を確(たし)かめるために役立つものだ。

　定期的に書いて、保健の先生に見てもらったり、とっておいて自分で自分の「健康診断」をしたりしよう。

先生からひとこと

保健委員の活動は、みんなの学校生活をささえています。健康の大切さを知ってもらうため、いろいろなはたらきかけをしていきましょう。

まとめメモ
- 手あらい、うがいは元気の素(もと)
- 健康から笑顔が生まれる
- 毎日の生活リズムを大切に

4. 給食委員

給食委員は、食べることの大切さを広める伝道師だよ

どんなことをするの？

給食委員ってなんだろう？ 給食は、毎日学校で食べるお昼ごはん。栄養のあるおいしいごはんを食べられることは、みんなの学校生活のメインイベントの1つだ。

給食委員の仕事は、みんなで楽しく、おいしく食べるための大切な活動だよ。

給食は、学校内で、その学校のためだけに調理されるものと、学校給食センターという大きな施設で地域内のいくつかの学校のために調理されるものがある。どちらも、学校栄養士さんや調理員さんが朝早くから調理してくれているよ。

献立の材料の野菜、肉、魚、パン、お米、くだものや牛乳などは、なるべく国内、近くの地域で生産されたものを取り入れている。生産者を学校に招き、授業をしてもらうこともある。

給食はとってもよく考えられているんだよ

●給食のはじまり

栄養のある食事を子どもに

日本の給食は明治22年（1889年）に今の山形県鶴岡市の小学校ではじまったと言われている。献立は、おにぎり、焼き魚、野菜のつけもの。当時、じゅうぶんに食べられない児童のために、無料で栄養のある食事を与えるために考えられた活動だ。

やがて第二次世界大戦がおこり、終戦後に栄養失調の児童が増えると、給食のしくみを整えるために何度も話し合いがおこなわれた。昭和29年（1954年）にようやく「学校給食法」ができて、小学校の給食がはじまったよ。

「食育」を給食からはじめよう

給食委員の活動の1つは、給食の大切さを学校のみんなに伝えること。給食の先生、学校栄養士さんや調理員さんに相談して、献立をつくるための準備、食材の栄養成分や、生産者のことを調べよう。

調べたことは「食育」の学びの原点と深く関わっている。お米や野菜づくり、肉や魚、たまごの生産活動についても調べてみよう。

●給食という体験から学べること

給食委員は、食べることに関わるマナーを伝える活動もおこなっている。たとえば、おもに6年生が中心になり、1年生の教室をまわって給食の用意やかたづけなどのお手伝いをすることもあるよ。

給食は「だれかと食事をいっしょにする」という体験として、ごはんを食べるだけではない学びの機会でもあるんだ。

➡ 給食委員の活動を、さらにくわしく調べてみよう！

給食委員になったら

　食べることは、体に栄養を与えるだけではなく、心にもゆたかな気持ちをもたらしてくれる。だからこそ、安全に、安心して食べられるように、気をつけることが必要だ。

栄養、食習慣、アレルギーについて考えよう

　給食は、体の成長のために必要な栄養を考えてつくられている。ただし、宗教や食習慣のちがいや、体質によってアレルギーがあって食べられないもの、食べてはいけないものもある。そのときは、かならず担任の先生、給食の先生に伝えておこう。

給食をとおしてマナーを学ぼう

　給食では、食べることに関するマナーを学ぶことができるよ。

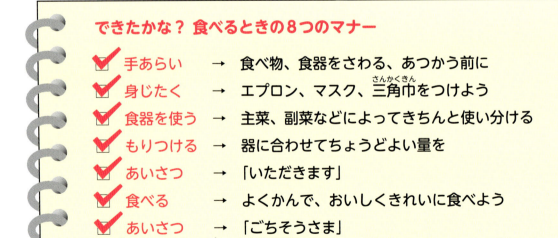

できたかな？ 食べるときの8つのマナー

- ☑ 手あらい　　→　食べ物、食器をさわる、あつかう前に
- ☑ 身じたく　　→　エプロン、マスク、三角巾をつけよう
- ☑ 食器を使う　→　主菜、副菜などによってきちんと使い分ける
- ☑ もりつける　→　器に合わせてちょうどよい量を
- ☑ あいさつ　　→　「いただきます」
- ☑ 食べる　　　→　よくかんで、おいしくきれいに食べよう
- ☑ あいさつ　　→　「ごちそうさま」
- ☑ かたづけ　　→　使った食器は、きれいにまとめよう

　このほかに、主菜、副菜、汁物、牛乳などを順番にバランスよく食べる「三角食べ」も心がけよう。
大人になっても大切なことなので、よくおぼえておこう。

おいしく食べて
食品ごみも減らそう！

●給食のための7つの目標

学校給食法では、次のように7つの目標が立てられているよ。献立のひとくちには、たくさんの意味がこめられているんだね。

> 1) 必要な栄養をとって、健康でじょうぶな体をつくる。
>
> 2) 毎日の食事についての正しい理解を深め、栄養バランスを考えた食生活ができるようになる。
>
> 3) みんなとなかよく、いっしょに食事の用意をすることを楽しむ。
>
> 4) 食生活が、自然環境の大きな力の上に成り立っていることを理解し、生命や自然を大切に守る努力をする。
>
> 5) 食生活が、多くの人たちの活動にささえられていることについて理解を深め、その活動の大切さを忘れない。
>
> 6) 日本や世界各地域のすばらしい伝統的な食文化について、理解を深める。
>
> 7) 食料生産、流通、消費活動について、正しい理解をするように学ぶ。

(平成20年（2008年）に改正。施行は翌年。文章を一部わかりやすく変えています)

➡ 次は、給食の食材について調べてみよう！
どんな活動ができるかな？

《たとえば》
食物の旅ポスターをつくろう

　給食では、地域に根ざした「地産地消」の取り組みを進めている。献立に使われている食材の生産地を調べて「食物の旅ポスター」をつくってみよう。

　集会で学校のみんなに発表したり、クイズを書いたポスターをろう下に貼ってお知らせしたり、いろいろな活用法を考えよう。

「食物の旅ポスター」のつくり方

・用意するもの：1m×1mほどの大きな紙。
　　　　　　　　ペン。付せん。テープ。

① 紙に、大きく日本地図を、あるいは学校のある地域の地図を書く。
② ①に書きこむ給食の献立（例：カレーライス、サラダなど）を決める。
③ ②に使う食材とイラストを、付せんに書く。
④ ③を、その食材の生産地の①の場所に貼っていく。
　野菜（じゃがいも）　→　北海道　など

●大切な食の未来を考えよう

　27ページの「給食のための7つの目標」で見たように、給食は社会のしくみと深く関わっている。日本の食料自給率（カロリーベース）は低く、38パーセント（令和4年度（2022年度））。

　パンの材料の小麦粉は、1年間に食べる割合のうち国内生産量は13パーセント。米を食べる量も増やしているものの、米農家の後継者不足も深刻だ。

　気候や災害による不作、値上がり、モノを運ぶための二酸化炭素の排出量や石油燃料の使用量など、話し合うべき問題も少なくない。給食委員の取り組みを工夫することで、大切な食の未来を考えることができるよ。

みんなのアイデアが
よりよい社会をつくるんだ！

●つくってみよう！「給食パスポート」カード

「いただきます！」の前に

給食を食べる前に、その日の献立と食材について、ひとことお知らせをしてみよう。そんなときは「給食パスポート」をつくって、各クラスの給食委員、あるいは給食当番が準備しておくのがおすすめ。

内容は、事前に給食の先生に相談しておこう。1週間分をまとめて、クラスの委員会活動の掲示板に貼っておくこともできる。

委員会活動の記録になる

「給食パスポート」は、毎日こつこつ書き続けると、給食の記録として活用できる。たとえば1週間のあいだに一番多く使われた食材や、その産地などをグラフやイラスト入りの表にまとめ、お知らせやマンガなどを書いてみよう。

献立の工夫や、季節による食材の変化も知ることができるよ。

先生からひとこと

給食委員の活動は、食生活の知識やマナーを広く伝えてくれる。食物の生産について考えを深めるきっかけも与えてくれますね。

まとめメモ
- 食べることは、生きること
- 食から社会のしくみを考えよう
- 感謝の気持ちを大切に

みんなの委員会活動①

富山県高岡市立 野村小学校
花や魚のお世話が楽しい！
飼育栽培委員会

わたしたちは6年生の飼育栽培委員です！
がんばってます！

ギター　サッカー　バスケ
料理　ゲーム　絵を描くこと　なども　大好きです

●どんな学校？ 野村小学校

学校の重点目標は「のばそう むげんの ちからを さあチャレンジ＝のむら（野村）」。「いきいき学ぶ、わくわく活動する、せっせと働く、のびのび運動する＝いわせの（石瀬野）*」のスローガンと共に、豊かな心と健康な身体をもち、自ら学びたくましく生きる子どもを育てることを目指しています。全校児童数は約650人。飼育栽培委員会は5、6年生の22人です。

富山県高岡市。人口約16万人。古くから歴史文化のゆたかな町。市の北東部は富山湾に面しており、『万葉集』に詠まれた雨晴海岸からは立山連峰が見える。

*万葉の歌人・大伴家持がこの地「石瀬野」を愛して歌に詠んだことに由来しています。

● 飼育栽培委員の仕事①

金魚とグッピーのえさやり

学校の金魚とグッピーに、当番が毎日1回えさやりをします。グッピーはたくさんいますが、オスとメスを見分けられるようになりました。水そうあらいは、大仕事です。

花の水やり

学校の花のお世話をします。正面の玄関(げんかん)とグラウンド側のプランター、体育館のそばの菜園に、当番が水やりをします。この仕事は、放課後にすることが多いです。

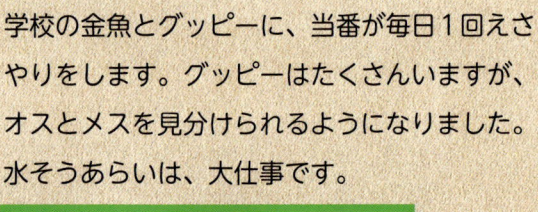

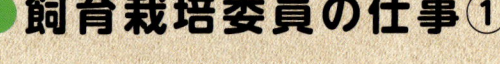

● 委員会活動で楽しかったこと、うれしかったこと

- 花の植え方がわかったこと
- いろいろな植物とふれあうことができたこと
- グッピーの赤ちゃんがたくさん生まれたこと
- 初めてえさやりをしたこと
- 生き物にくわしくなれること
- かれていた花に水をやっていたら元気になったこと

●飼育栽培委員の仕事②

花の苗を育てる

野村小学校では、地域の方々のご協力のもと、花の苗を育てています。毎年5月、苗を30個ほどの鉢に分けて各学級にとどけます。今年の花はベゴニアとマリーゴールドです。

花鉢のお世話をする

鉢には、当番が朝や放課後に水やりをします。日当たりも気をつけます。葉っぱも大きくなり、きれいな花が咲きました。7月には、花鉢を贈るための準備をします（⇒次のページで紹介します）。

●飼育栽培委員になりたい下級生にアドバイス

- 植物を植えたりできるので楽しいですよ
- 生き物や花を大切にしてほしいです
- 生き物にたくさん親しむことができますよ

- 植物やお魚に、水やり、えさやりを忘れると元気じゃなくなるので、しっかりお世話をしてくださいね

地域の施設の みなさんへ

●花鉢をとどけました!

飼育栽培委員が中心になり、
6年生の希望者もいっしょに、
地域の施設に花鉢とメッセージを
とどける活動をつづけています

野村保育園、若葉保育園、
こばと幼稚園、ひかり幼稚園と、
のむら藤園苑に出発です!

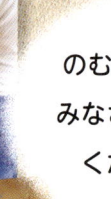

花を見て笑顔に、植物に
親しみをもってもらえたら
と願いをこめて

のむら藤園苑では、
みなさんがむかえて
くださいました

藤園苑のみなさんへ

大切に したいこと
みんなの笑顔の
輪を広げたい!

とてもよろこんで
いただきました!

先生から ひとこと

みんなが思いやりをもって委員会活動を
がんばっているすがたを、いつも応援しています

みんなの委員会活動 ②

埼玉県春日部市立 上沖小学校

みんなの役に立ちたい！

児童保健委員会

＊上沖小学校では「児童保健委員会」を正式名称としています。以下、保健委員、と表記します。

わたしたちは**委員長**と**副委員長**です！
みんなのけがをなおしたい！

保健委員は全員で22人。

みんなでなかよく、がんばっています！

● どんな学校？ 上沖小学校

学校目標は、「かしこく やさしく たくましく」。真剣・集中の学びの姿と自信を育てる地域に根ざした学校に、という願いをこめたものです。全校児童数は約770人。樹木にかこまれ、にぎやかな声と笑顔があふれる学校で、児童保健委員会は5、6年生の22人で活動中です。

埼玉県春日部市。人口約23万人。江戸時代に日光街道の宿場町としてさかえ、特産品の桐たんすは、日光東照宮の造築に関わった職人たちがつくりはじめたもの。

●保健委員の仕事①

石けんの補充

休み時間に校内の石けんの補充をします。液体石けんを小さい容器につぎたす作業です。当番の委員が、曜日ごとに交代でおこないます。

水質検査

休み時間に校内の水質検査もします。当番は検査用セットを使って調べます。夏休みや週末明けの月曜日は、とくに注意しておこないます。

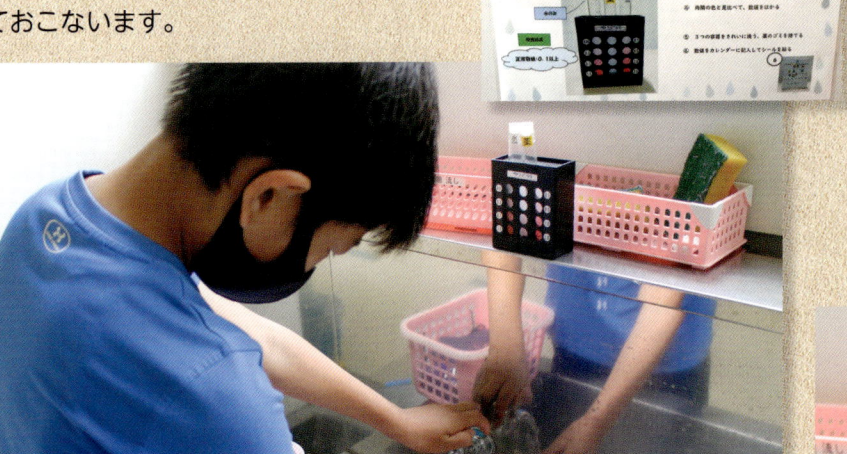

●今、チャレンジしたいこと

- ・学校保健委員会で発表すること
- ・きちんとけがの手当てができるようになりたい
- ・看護師になりたい
- ・夏に熱中症予防のよびかけをしたい
- ・病気にならない体づくりのために運動したい

●保健委員の仕事②

保健室にきた人の手当て

休み時間には、おなかが痛くなった人やけがをした人が保健室をたずねてきます。当番は体の具合をていねいに聞き、ノートに書きこみます。必要なときは保健の先生に相談しながら手当てのお手伝いをします。

欠席表をまとめる

学校全体の欠席者数をチェックします。表に欠席者数をまとめたら、ろう下の掲示板でお知らせします。当番が完了した仕事を伝える表も貼ります。

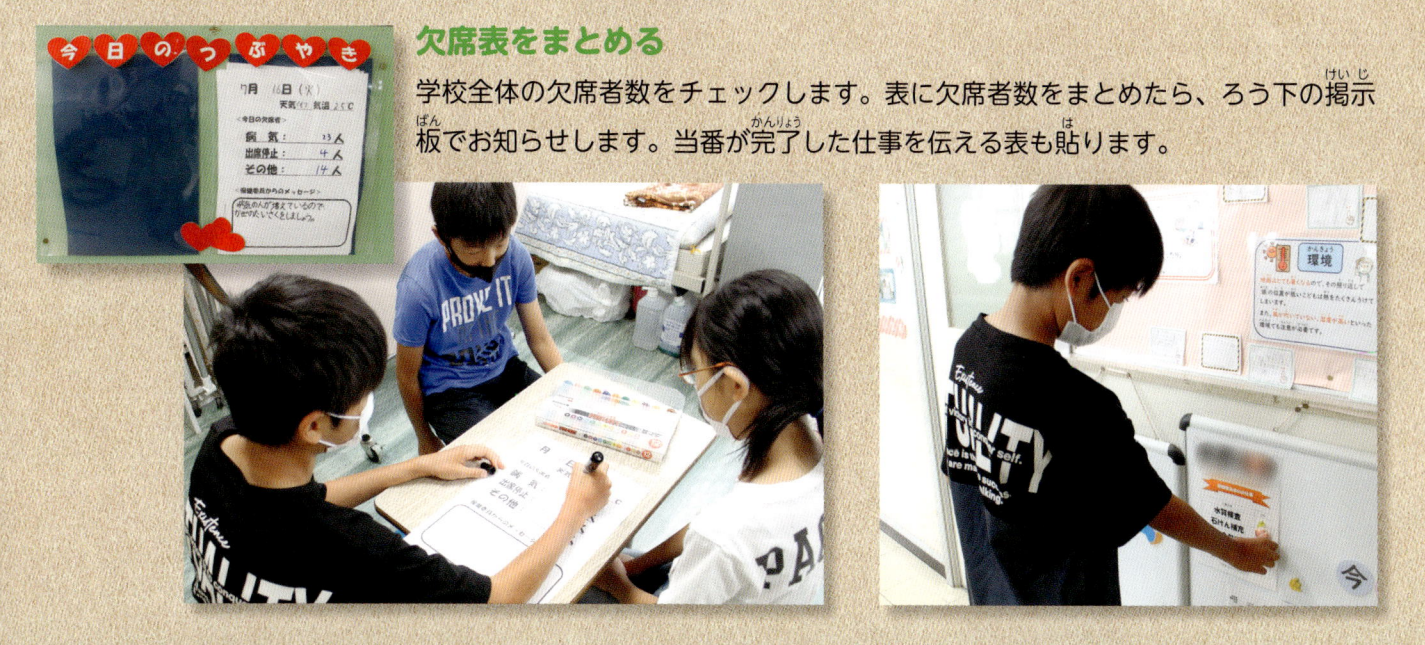

●保健委員になりたい下級生にアドバイス

・人を助ける仕事なので、やりがいがあります

・クイズを出したりポスターを書いたり楽しいです！

・みんなの笑顔を想像してがんばってください

・仕事をしっかりと責任をもってやろう！

・ちがう学年の子となかよくなれるし、楽しいのでなったほうがいいです

イベントや発表を紹介！

● 保健委員になってよかった。楽しいよ！

みんながけがをした場所を校内マップにしました

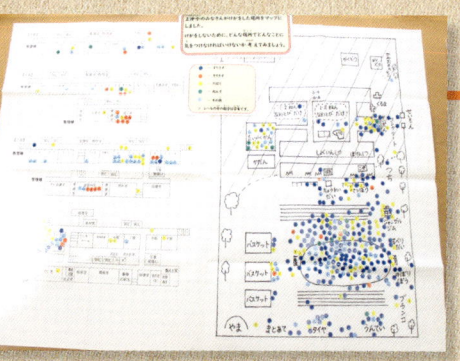

緑の多い学校は気持ちがいいです

手とばいきんの実験をまとめました

歯のクイズも放送しました！

歯と口のはたらきについて発表しました！

ろう下に「ほけんしつ」のかざりがあります

掲示板でもよびかけます

大切にしたいこと
みんなを助ける仕事をしたい！

先生からひとこと

委員のみなさんがなかよく一生けん命に仕事をしていることで、上沖小は元気で楽しい学校になっています。ありがとう！

資料　委員会活動で活用できるシートのサンプルです

＊記入例として一部書きこみしています

委員会ノート	月　日（　　）
議題	全校なかよし集会
提案理由	全校のみんなと交流してきずなを深め、楽しい学校をつくるため
決まっていること	○月○日○時間目　体育館で　ゲームを1つ
話し合いのめあて	楽しく交流ができる方法を考えよう

話し合いの順番	気をつけること	準備すること
1 はじめのことば		ノート
2 議題の確認	話し合う内容を確かめる	
3 提案理由の確認		
4 決まっていることの確認	ほかに必要なことがあるかどうか確かめる	
5 話し合いのめあての確認		
6 話し合い ① 集会でやること　　② 必要な工夫　　③ 役割分担	①〜③の時間配分に気をつける	
7 決まったことの発表	黒板を確認する（記録担当の人が発表する）	
8 ふり返り		
9 先生からひとこと		
10 おわりのことば		

参考資料：『小学校「指導と評価の一体化」のための学習評価に関する参考資料 特別活動／国立教育政策研究所』

自分たちの活動に合わせて、新しい項目も考えてみよう！

38

さくいん

この本に出てくるキーワードを五十音順に掲載しています

【あ】
アレルギー‥‥‥‥‥‥‥‥15, 23, 26
生き物のお世話‥‥‥‥‥‥‥‥12, 13
インフルエンザ‥‥‥‥19, 20, 21, 22
うがい‥‥‥‥‥‥‥19, 20, 21, 23
えさやり‥‥‥‥‥‥‥‥14, 31, 32
SNS‥‥‥‥‥‥‥‥‥‥‥20, 21
SDGs‥‥‥‥‥‥‥‥‥‥‥7, 8
大そうじ‥‥‥‥‥‥‥‥‥‥9, 10

【か】
かぜ‥‥‥‥‥‥‥18, 19, 20, 21, 22
花だん‥‥‥‥‥‥‥‥6, 8, 12, 16
学校栄養士‥‥‥‥‥‥‥9, 24, 25
学校給食センター‥‥‥‥‥‥‥24
学校給食法‥‥‥‥‥‥‥‥25, 27
活動計画‥‥‥‥‥‥4, 5, 11, 19, 21
紙ごみ‥‥‥‥‥‥‥‥‥‥7, 9
体づくり‥‥‥‥‥‥‥‥‥‥35
感染症‥‥‥‥‥‥‥‥‥‥18, 20
給食のしくみ‥‥‥‥‥‥‥‥‥25
給食の先生‥‥‥‥‥‥9, 25, 26, 29
給食のための7つの目標‥‥‥‥27, 28
クラブ活動‥‥‥‥‥‥‥‥4, 5, 9
けが‥‥‥‥‥‥13, 19, 34, 35, 36, 37
健康観察クエスチョン‥‥‥‥20, 23
健康ツリー‥‥‥‥‥‥‥‥‥22
心の健康‥‥‥‥‥‥‥‥‥‥21
ごみ倉庫‥‥‥‥‥‥‥‥7, 8, 9, 10
ごみの管理‥‥‥‥‥‥‥‥6, 11
ごみ拾い‥‥‥‥‥‥‥‥‥‥8
ごみ問題‥‥‥‥‥‥‥‥‥‥7

【さ】
菜園‥‥‥‥‥‥‥‥‥‥‥12, 31
飼育小屋‥‥‥‥‥‥‥12, 13, 16, 17
飼育と栽培プレート‥‥‥‥‥‥16

自然界‥‥‥‥‥‥‥‥‥‥‥13
自然環境‥‥‥‥‥‥‥‥‥7, 27
宗教‥‥‥‥‥‥‥‥‥‥‥‥26
食習慣‥‥‥‥‥‥‥‥‥‥‥26
食物の旅ポスター‥‥‥‥‥‥‥28
食料自給率‥‥‥‥‥‥‥‥‥28
清掃工場‥‥‥‥‥‥‥‥‥‥7
石けんの補充‥‥12, 13, 14, 16, 17, 20, 35

【た】
地産地消‥‥‥‥‥‥‥‥‥‥28
手当て‥‥‥‥‥‥‥‥19, 35, 36
手あらい‥‥‥‥13, 15, 19, 20, 21, 23, 26
電気‥‥‥‥‥‥‥‥‥‥‥6, 7

【な】
熱中症‥‥‥‥‥‥‥‥18, 19, 35

【は】
はてなカード‥‥‥‥‥‥‥‥‥17
花の苗‥‥‥‥‥‥‥‥‥‥‥32
花鉢‥‥‥‥‥‥‥‥‥‥32, 33
ひとこと発見カード‥‥‥‥‥14, 15
プラスチックごみ‥‥‥‥‥‥‥8, 9
ふりかえりカード‥‥‥‥‥‥‥11
ふれあいタイム‥‥‥‥‥‥14, 15
「プロフィール」‥‥‥‥‥‥‥14
保健の先生‥‥‥‥‥‥18, 19, 23, 36

【ま】
水やり‥‥‥‥‥‥‥14, 17, 31, 32
虫歯‥‥‥‥‥‥‥‥18, 20, 21, 22

【や】
予防‥‥‥‥‥‥18, 19, 20, 21, 22, 35, 37

【ら】
リサイクル‥‥‥‥‥‥‥‥6, 7, 9

39

[監修]

安部恭子 （あべ きょうこ）

帝京大学教育学部教育文化学科教授。埼玉県さいたま市の小学校勤務後、さいたま市教育委員会、さいたま市立小学校教頭勤務を経て、文部科学省初等中等教育局視学官、教育課程課教科調査官、国立教育政策研究所教育課程研究センター研究開発部教育課程調査官、生徒指導・進路指導センター生徒指導・特別活動連携推進官を務める。令和6年4月から現職。主な著書に『特別活動で学校を楽しくする45のヒント』（文溪堂）、『みんなの学級経営（1年〜6年）』（東洋館出版社）『楽しい学校をつくる特別活動　すべての教師に伝えたいこと』（小学館）など。

装丁・デザイン	山田武
イラスト	タニグチコウイチ　あらいしづか
撮影	北川佳奈
校正	鷗来堂
企画編集	岩崎書店 編集部
編集制作	板谷ひさ子

[取材協力]

富山県高岡市立野村小学校
埼玉県春日部市立上沖小学校
社会福祉法人 早川福祉会
特別養護老人ホーム のむら藤園苑

[写真提供]

p34　委員長、副委員長
p37　委員会活動イベント風景
　　　（歯のクイズ、歯と口のはたらき）
　　　埼玉県春日部市立上沖小学校より

[参考図書・ウェブサイト]

『あそびで育てるクラスづくり』（明治図書出版）
『「指導と評価の一体化」のための学習評価に関する参考資料 小学校 特別活動／国立教育政策研究所』（東洋館出版社）
『小学校版 子供の心を伸ばす特別活動のすべて』（小学館）
『楽しい学校をつくる特別活動　すべての教師に伝えたいこと』（小学館）
『特別活動で、日本の教育が変わる！　特活力で、自己肯定感を高める』（小学館）
『特別活動で学校を楽しくする45のヒント　笑顔あふれる学校にしよう！』（文溪堂）
『学びをつなぐ！「キャリア・パスポート」文部科学省国立教育政策研究所生徒指導・進路指導研究センター編』（光村図書）
『みんなで、よりよい学級・学校生活をつくる特別活動 小学校編 特別活動指導資料／国立教育政策研究所』（文溪堂）

文部科学省国立教育政策研究所 小学校特別活動映像資料　学級活動編
https://www.nier.go.jp/kaihatsu/shidousiryou/sho_tokkatsueizo/
文部科学省国立教育政策研究所 小学校特別活動映像資料　児童会活動・クラブ活動編
https://www.nier.go.jp/kaihatsu/shidousiryou/sho_tokkatsueizo2/
一般社団法人全国学校給食推進連合会
https://www.zenkyuren.jp/lunch/
みんなの教育技術　https://kyoiku.sho.jp/
農林水産省「知ろう！学ぼう！こども農林水産省」
https://www.maff.go.jp/j/kids/index.html

この本の情報は、2025年1月までに調べたものです。今後変更になる可能性がありますので、ご了承ください。

よりよい学校をつくろう！

みんなの委員会

2　環境委員・飼育委員・保健委員・給食委員

2025年2月28日　第1刷発行

監修者	安部恭子
発行者	小松崎敬子
発行所	株式会社 岩崎書店
	〒112-0014　東京都文京区関口2-3-3　7F
	TEL：03-6626-5082（編集）　03-6626-5080（営業）
印刷	株式会社光陽メディア
製本	株式会社若林製本工場

NDC375　29×22cm　40p
ISBN978-4-265-09183-6
©Hisako Itaya 2025
Published by IWASAKI Publishing Co., Ltd.
Printed in Japan

岩崎書店ホームページ　https://www.iwasakishoten.co.jp
ご意見、ご感想をお寄せ下さい。info@iwasakishoten.co.jp
乱丁本、落丁本は小社負担にてお取りかえいたします。

本書のコピー、スキャン、デジタル化等の無断複製は著作権法上での例外を除き禁じられています。本書を代行業者等の第三者に依頼してスキャンやデジタル化することは、たとえ家庭内の利用であっても、一切認められておりません。無断での朗読や読み聞かせ動画の配信も著作権法上で禁じられています。

編著
名取弘文

よりよい学校をつくろう！

みんなの
委員会 全3巻

1
児童会・学級委員・集会委員・生活委員

2
環境委員・飼育委員・保健委員・給食委員

3
放送委員・図書委員・新聞委員・運動委員